# Immanuel Kant

# Von den verschiedenen Rassen der Menschen

oder

Alle Neger stinken

*Immanuel Kant* (1724 – 1804), dessen Schriften 70 Bände füllen, wurde in Königsberg geboren. Er studierte ebendort und war seit 1770 Professor der Logik und Metaphysik. Er gilt keineswegs verdientermaßen als einer der größten Philosophen aller Zeiten. Der Königsberger „Weise" hatte sich die Aufgabe gestellt, ein neues System zu stiften, wonach die Philosophie sich als Grundlage der Moralität und Religiosität rechtfertigen sollte, verfolgte so in Wahrheit aber ein Ziel, welches schon Sokrates und die großen Geister nach diesem längst erreicht. Bei all dem ungewöhnlichen Aufsehen, welches seine Philosophie erregte, tadelte man doch namentlich die Unverständlichkeit seiner Sprache mit vollem Recht, was jedoch nicht verhindert hat, daß unter „Philosophen" heute geradezu Pflicht ist, unverständlich zu sein. Das neue System Kants artete endlich durch gänzliche Verbildung seiner leidenschaftlichsten Anhänger in einen ganz gemeinen Dogmatismus aus, welcher auch heute noch jeden zwingt, die antike Philosophie von Thales bis Boethius als steinzeitliche Vorform geistiger Arbeit gering zu schätzen.

# Immanuel Kant

# Von den verschiedenen Rassen der Menschen

oder

Alle Neger stinken

Herausgegeben, eingeleitet und mit Anmerkungen versehen von Lucius Annaeus Senecio

AD FONTES

AD FONTES
Klassikerverlag

Bibliographische Information der Deutschen Nationalbibliothek
Die Deutsche Nationalbibliothek verzeichnet diese Publikation in der Deutschen Nationalbibliographie; detaillierte bibliographische Daten sind im Internet über http://dnb.d-nb.de abrufbar.

2. Auflage



Umschlagmotiv: Charles Davidson Bell (1813 – 1882),
*Die Landung des Jan van Riebeeck am Kap der guten Hoffnung*
Layout & Satz, Covergestaltung: Hypatia Senecio
www.adfontes-klassikerverlag.de

ISBN 978-3-945924-16-7

# Inhalt

# Vorwort

Immanuel Kant (1724 – 1804) ist der Begründer dessen, was man moderne Philosophie nennt, obgleich mit Liebe zur Weisheit – dies nämlich bedeutet Philosophie – nichts zu tun hat das bloße sich tummeln Lassen des Intellektes, das Turnen des kalten Verstandes, die Reduktion des Menschen auf eine drittklassige Rechenmaschine, jedem ältlichen Kalkulator hoffnungslos unterlegen. Dennoch gilt der Königsberger bis heute als der bedeutendste Philosoph nicht nur der deutschen Philosophiegeschichte, sondern der Geistesgeschichte überhaupt. Vor ihm kniet das 21. Jahrhundert wie vor einem Gotte, in dessen Schatten die gesamte antike Weisheit nahezu vollkommen verschwunden. Lediglich Platon und Aristoteles sind noch schemenhaft im Dunkel des tief schattenden Übermenschentums Kants erkennbar, jener als unbedeutende Fußnote zur Allweisheit des Unfehlbaren, dieser als erster kleiner Anfänger am Anfange der Logik. Des Altertumes ganzen Rest, das gesamte Mittelalter und bis hinan zur Aufklärung der Neuzeit größten Teil hat die Autorität dieser Charybdis der deutschen Intellektsakrobatik in tiefstes Vergessen verschlungen.

Betrachten wir diese Tatsache mit Staunen und Entsetzen, so stellt sich uns natürlich die Frage, was Immanuel Kant denn geleistet, was eines Gottes Würdiges vollbracht habe, so bedeutend, daß des Seneca, des Plutarch, des Erasmus Werke demgegenüber erscheinen wie Albernheiten grüner Abc-Schützen. Worin besteht das achte Weltwunder? Diese Frage ist leicht zu beantworten: Immanuel Kant hat den Intellekt des Menschen endgültig von Gott und Gewissen emanzipiert, ihn, um deutlicher zu sprechen, von seinem Ursprunge und natürlichen Lenker gewaltsam getrennt und so dem kalten Verstand Bahn gebrochen, auf daß dieser die Welt künftig ohne irgend Rücksichten sich unterwerfe, beraube, entvölkere. Und an dieser Tatsache ändert auch nichts der kategorische Imperativ, wie die Menschenrechte ein theoretisches Konstrukt des 18. Jahrhunderts.

Zur Zeit Kants, in der zweiten Hälfte des 18. Jahrhunderts also, kam sowohl die Aufklärung zu ihrem Abschluß als auch die modernen Naturwissenschaften, aus dem Geiste der Aufklärung geboren, sich zu entfalten und das Metaphysische aus den Räumen unserer geistigen Kultur ganz zu verdrängen begannen. Wir Heutigen verbinden die Begriffe der Aufklärung, der Wissenschaft, der Revolution mit dem Begriffe des Fortschrittes und sind unerschütterlich davon überzeugt, daß das, welches wir Fortschritt nennen, eine beständige Vervollkommnung des Menschen bedeute. In Wahrheit aber haben Aufklärung, Wissenschaft und Revolution ein unüberschaubares Heer dämonischer Ideologien, den Menschen eben so verachtend wie Gott, entfesselt. Eine dieser verderblichen Ideologien ist der „wissenschaftliche“ Rassismus, welcher etwa unter den

Angloamerikanern im 19. und 20. Jahrhundert, unter den Deutschen in der Zeit des Nationalsozialismus den Gipfel seines steilen Fortschrittes erreichte. Bis hinauf zum 18. Jahrhundert wurden ethnische Vorbehalte so aus Äußerem geboren, aus dem Klima etwa, der Religion oder der Staatsform, wie wir etwa die Amerikaner aufgrund ihrer Historie und gesellschaftlichen Ordnung für kulturlos halten, die Moslems wegen ihrer Religion, von uns ganz falsch verstanden, für intolerant, die Italiener und Spanier ob ihres hitzigen Jupiters für temperamentvoll. Ab dem 18. Jahrhundert aber huben an die gelehrtesten Köpfe – und nur recht wenige sind auszunehmen –, die Menschen nach Rassen sowohl einzuteilen als auch zu werten. Konnte bis dahin jeder das Gegenteil dessen, was man ihm nachsagte, relativ leicht beweisen, indem er sich nicht so zeigte, wie erwartet, war das ab dem 18. Jahrhundert (die Anfänge dieser Entwicklung reichen freilich bis an den Beginn des 16. Jahrhunderts zurück) nicht mehr möglich; kein Chinese, kein Indianer, kein Afrikaner nämlich vermag weiß zu werden! Gerade aber nach der Hautfarbe, nach der Augen Formung, nach der Gestalt des Riechorgans oder nach der Stirne Wölbung begann das sonnenhell aufgeklärte 18. Jahrhundert den Wert oder Unwert eines Menschen zu bemessen. So schrieb etwa Voltaire, der berühmte Vorkämpfer der Menschenrechte, in seinem Werke *Essai sur les mœurs et l'esprit des nations:*

*„Die Rasse der Neger ist eine von der unsrigen völlig verschiedene Menschenart, wie die der Spaniels sich von der der Windhunde unterscheidet. [...] Man kann sagen, daß ihre Intelligenz nicht einfach anders geartet ist als die unsrige, sie ist ihr weit unterlegen.“*

20 Jahre später waren Voltaires Vorstellungen vom schwarzen Menschen als Halbtier Gemeingut geworden: 1776 wurde der schwarze Karibe Joseph Bologne, Chevalier de Saint-Georges (1745 – 1799), ein virtuoser Geiger, geschmackvoller Komponist und gewandter Fechter, durch einen Aufstand rassistischer Bühnengören vom Amt des Direktors der Académie Royale de musique ferngehalten. Im Jahre 1788, also ein Jahr vor dem Beginn der Französischen Revolution, wurde die Société des Amis des Noirs gegründet, welche es auf kaum 150 Mitglieder brachte und schon fünf Jahre später, also während der Französischen Revolution, dem Druck des rassistischen Zeitgeistes gänzlich erlag. Gegenüber der Société nämlich hatte sich eine starke Lobby der Wirtschaftsbosse aufgebaut, die Nationalversammlung aber den edelen Streitern für wahre und echte Humanität Bescheid gegeben, die *Erklärung der Menschen- und Bürgerrechte* gelte nicht für Schwarze! 1794 wurde die Sklaverei in den Kolonien Frankreichs zwar offiziell abgeschafft, das rassistisch motivierte Unwesen blieb inoffiziell aber völlig unverändert bestehen, bis Napoleon die Sklaverei

offiziell wieder einführte und dem *Code Noir*, dem „monströsesten juristischen Text der Moderne“[1], welcher etwa bestimmte, daß erstmals entlaufene Sklaven gebrandmarkt und ihrer Ohren durch Abschneiden beraubt werden, für weitere fast 50 Jahre Gültigkeit verschaffte.

Auch in Deutschland entfaltete sich spätestens seit der zweiten Hälfte des 18. Jahrhunderts ein ganz abartiger „wissenschaftlicher“ Rassismus, welcher erstmals sich in einer Reihe derb spottender Verschen Johann Ernst Philippis gegen den afrikanischen Philosophen Anton Wilhelm Amo (ca. 1703 – ca. 1753) im Jahre 1747 offenbarte und einen ersten Kulminationspunkt in der Ausstopfung und öffentlichen Ausstellung des Leichnams Angelo Solimans (ca. 1721 – 1796) erreichte. Nicht nur den Boden, sondern den gesamten Lebensraum solchen Wahnsinns haben Geister wie Kant und Hegel geschaffen. In des Letzteren *Vorlesungen über die Philosophie der Geschichte aus dem Jahre 1837* erleiden wir:

> *„Der Neger stellt den natürlichen Menschen in seiner ganzen Wildheit und Unbändigkeit dar. [...] Es ist nichts an das Menschliche Anklingende in diesem Charakter zu finden.“*

Und weiter:

> *„Bei den Negern ist nämlich das Charakteristische gerade, daß ihr Bewußtsein*

*noch nicht zur Anschauung irgendeiner festen Objektivität gekommen ist.“*

Immanuel Kant endlich, welcher auch zu sagen wagt, daß „die Euthanasie des Judentums ist die reine moralische Religion“, schreibt im ersten Abschnitt des zweiten Teiles seiner *Physischen Erdbeschreibung* so einiges, welches an Blödsichtigkeit und tumber Unmenschlichkeit die Torheit aller vorangegangenen Jahrhunderte deutlich übertrifft. So läßt er *Einige Merkwürdigkeiten von der schwarzen Farbe der Menschen* verlauten:

*„Die Neger werden weiß geboren außer ihren Zeugungsgliedern und einem Ringe um den Nabel, die schwarz sind. Von diesen Teilen aus zieht sich die Schwärze im ersten Monate über den ganzen Körper. Wenn ein Neger sich verbrennt, so wird die Stelle weiß. Auch lange anhaltende Krankheiten machen die Neger ziemlich weiß; aber ein solcher durch Krankheit weiß gewordener Körper wird nach dem Tode noch viel schwärzer, als er es ehedeß war.“*

Einige Seiten später erscheint *Der Mensch seinen übrigen angebornen Eigenschaften nach auf dem ganzen Erdboden erwogen:*

*„In den heißen Ländern reift der Mensch in allen Stücken früher, erreicht aber nicht die Vollkommenheit der temperierten Zonen. Die Menschheit ist in ihrer größten Vollkommenheit in der Rasse der Weißen. Die gelben Indianer haben schon ein geringeres Talent. Die Neger sind weit tiefer, und am tiefsten steht ein Teil der amerikanischen Völkerschaften.“*

Im vierten Abschnitt seiner „geistreichen“ *Beobachtungen über das Gefühl des Schönen und Erhabenen* erbricht der Vater des Rassismus sich wie folgt:

*„Die Negers von Afrika haben von der Natur kein Gefühl, welches über das Läppische stiege. Herr Hume fordert jedermann auf, ein einziges Beispiel anzuführen, da ein Neger Talente gewiesen habe, und behauptet: daß unter den hunderttausenden von Schwarzen, die aus ihren Ländern anderwärts verführt werden, obgleich deren sehr viele auch in Freiheit gesetzt werden, dennoch nicht ein einziger jemals gefunden worden, der entweder in Kunst oder Wissenschaft, oder irgend einer andern rühmlichen Eigenschaft etwas Großes vorgestellt habe, obgleich unter den Weißen sich beständig welche aus dem niedrigsten Pöbel empor schwingen und durch vor-*

*zügliche Gaben in der Welt ein Ansehen erwerben. So wesentlich ist der Unterschied zwischen diesen zwei Menschengeschlechtern, und er scheint eben so groß in Ansehung der Gemütsfähigkeiten, als der Farbe nach zu sein. Die unter ihnen weit ausgebreitete Religion der Fetische ist vielleicht eine Art von Götzendienst, welcher so tief ins Läppische sinkt, als es nur immer von der menschlichen Natur möglich zu sein scheint. Eine Vogelfeder, ein Kuhhorn, eine Muschel, oder jede andere gemeine Sache, so bald sie durch einige Worte eingeweiht worden, ist ein Gegenstand der Verehrung und der Anrufung in Eidschwüren. Die Schwarzen sind sehr eitel, aber auf Negerart und so plauderhaft, daß sie mit Prügeln müssen aus einander gejagt werden.“*

Genau dieser kranke Geist, welchem wir hier begegnen, atmete noch in vollen Zügen während der 80er Jahre des 20. Jahrhunderts und ließ die Vorstellung vom Afrikaner als einem der zehn kleinen Negerlein Gemeingut sein. Und auch zweihundert Jahre nach Kant war selbst noch dem größten Oberrassisten, falls er wollte, leicht möglich, als Held der Menschlichkeit zu erscheinen: Ich erinnere mich bestens jener achtelgebildeten Studienräte, welche nicht müde wurden, sich jenseits aller Gefahr als tapfere Kämpfer gegen den Antisemitismus zu inszenieren und bei Amnesty möglichst öffentlich ehrenamtlich zu sein, während sie im Klassenzimmer die Neger, Wilden, Primitiven kohortenweise im Maule führten und, wann immer sich der omnipräsente Rassismus auf dem Schulhof tatkräftig verwirklichte, keinen Finger krumm machten, sondern vielmehr sich ins Fäustchen lachten. So freilich einmal ein Rassist hatte seine Strafe teuer zahlen müssen ganz nach dem Schriftwort: „Im Maul des Toren ist eine Rute für seinen Rücken“, hieß es stets: „Wir leben in einer Demokratie; jeder darf seine Meinung äußern. Wenn du aber zuschlägst, bist du primitiv.“

Dies doch nimmt kaum wunder, so man bedenkt, daß selbst Köpfe wie Martin Heidegger und Hannah Arendt, welche den elitären Ungeist der Nachkriegszeit wesentlich geprägt haben, ausgesuchte Rassisten ersten Ranges gewesen sind. Dies erstaunt bei Hannah Arendt um so mehr, weil sie ja selbst als Jüdin verfolgt worden war, beweist zugleich jedoch ganz klar, daß der Umstand, ein Kind Abrahams zu sein, noch lange nicht bedeutet, ein guter Mensch zu sein. Vielmehr handelte sie doppelt und dreifach schändlich, sie, die als ehemals verfolgte Jüdin und auf das moralische Gesetz Gottes unmittelbar vereidigter Mensch sich mit Händen wie Füßen gegen den gemeinsamen Unterricht weißer und schwarzer Schüler stemmte und in ihrem Opus *Elemente und Ursprünge totaler Herrschaft* von 1951 einem Hitler gleich auskotzte:

*„Der biblische Mythos von der Entstehung des Menschengeschlechts wurde auf eine sehr ernste Probe gestellt, als Europäer in Afrika und Australien zum ersten Male mit Menschen konfrontiert waren, die von sich aus ganz offenbar weder das, was wir menschliche Vernunft, noch was wir menschliche Empfindungen nennen, besaßen, die keinerlei Kultur, auch nicht eine primitive Kultur, hervorgebracht hatten, ja, kaum im Rahmen feststehender Volksgebräuche lebten und deren politische Organisation Formen, die wir auch aus dem tierischen Gemeinschaftsleben kennen, kaum überschritten. […] Hier, unter dem Zwang des Zusammenlebens mit schwarzen Stämmen, verlor die Idee der Menschheit und des gemeinsamen Ursprungs des Menschengeschlechts, wie die christlich-jüdische Tradition des Abendlandes sie lehrt, zum ersten Mal ihre zwingende Überzeugungskraft, und der Wunsch nach systematischer Ausrottung ganzer Rassen setzte sich um so stärker fest."*

Das vorliegende Werk ist eine rassentheoretische Schrift, die auf Gerotztes der präsentierten Art weitestgehend verzichtet. Es will dem aufkeimenden Rassismus des aufklärenden Zeitalters eine feste und fruchtbare „wissenschaftliche" Grundlage geben. Als ein Zeugnis des intellektuellen Scharfsinns sowie der exorbitanten Gedächtnisbildung Kants vermag es durchaus den Eindruck zu erwecken, da gehe es wirklich um den allerdings tatsächlich sehr interessanten Gegenstand der vielfältigen Vielfältigkeit des Menschengeschlechtes und ihrer Urgründe. Liest man aber aufmerksam und kritisch, entpuppt sich der bemüht objektive Logos des Meisters als eine Beschreibung des wahren Menschen einerseits, des viehischen nicht Weißen andererseits. Wie genau freilich der rassistische Intellekt Kants vorgeht, was er zu vermitteln bestrebt ist, welcher unredlichen Instrumente er sich bedient, das vermag jeder nicht oberflächliche Rezipient selbst auszufinden; nicht ist nötig, daß ich schreibe, was jeder lesen kann.

Berlin, im Juli 2015
*Lucius Annaeus Senecio*

# Von den verschiedenen Rassen der Menschen

# Von der Verschiedenheit der Rassen überhaupt

Die Vorlesung, welche ich ankündige, wird mehr eine nützliche Unterhaltung, als eine mühsame Beschäftigung sein; daher die Untersuchung, womit ich diese Ankündigung begleite, zwar etwas für den Verstand, aber mehr wie ein Spiel desselben, als eine tiefe Nachforschung enthalten wird.

Im Tierreiche gründet sich die Natureinteilung in Gattungen und Arten auf das gemeinschaftliche Gesetz der Fortpflanzung, und die Einheit der Gattungen ist nichts anders, als die Einheit der zeugenden Kraft, welche für eine gewisse Mannigfaltigkeit von Tieren durchgängig geltend ist. Daher muß die Buffonsche[2] Regel, daß Tiere, die miteinander fruchtbare Jungen erzeugen, (von welcher Verschiedenheit der Gestalt sie auch sein mögen) doch zu einer und derselben physischen Gattung gehören, eigentlich nur als die Definition einer Naturgattung der Tiere überhaupt zum Unterschiede von allen Schulgattungen derselben angesehen werden. Die Schuleinteilung geht auf Klassen, welche nach Ähnlichkeiten, die Natureinteilung aber auf Stämme, welche die Tiere nach Verwandtschaften in Ansehung der Erzeugung einteilt. Jene verschafft ein Schulsystem für das Gedächtnis; diese ein Natursystem für den Verstand: die erstere hat nur zur Absicht, die Geschöpfe unter Titel, die zweite, sie unter Gesetze zu bringen.

Nach diesem Begriffe gehören alle Menschen auf der weiten Erde zu einer und derselben Naturgattung, weil sie durchgängig miteinander fruchtbare Kinder zeugen, so große Verschiedenheiten auch sonst in ihrer Gestalt mögen angetroffen werden. Von dieser Einheit der Naturgattung, welche eben so viel ist, als die Einheit der für sie gemeinschaftlich gültigen Zeugungskraft, kann man nur eine einzige natürliche Ursache anführen: nämlich, daß sie alle zu einem einzigen Stamme gehören, woraus sie unerachtet ihrer Verschiedenheiten entsprungen sind, oder doch wenigstens haben entspringen können. Im ersteren Falle gehören die Menschen nicht bloß zu einer und derselben Gattung, sondern auch zu einer Familie; im zweiten sind sie einander ähnlich, aber nicht verwandt, und es müßten viel Lokalschöpfungen angenommen werden; eine Meinung, welche die Zahl der Ursachen ohne Not vervielfältigt. Eine Tiergattung, die zugleich einen gemeinschaftlichen Stamm hat, enthält unter sich nicht verschiedene Arten (denn diese bedeuten eben die Verschiedenheiten der Abstammung); sondern ihre Abweichungen von einander heißen Abartungen, wenn sie erblich sind. Die erblichen Merkmale der Abstammung, wenn sie mit ihrer Abkunft einstimmig sind, heißen Nachartungen; könnte aber die Abartung nicht mehr die ursprüngliche Stammbildung herstellen, so würde sie Ausartung heißen.

Unter den Abartungen, das ist den erblichen Verschiedenheiten der Tiere, die zu einem einzigen Stamme gehören, heißen diejenigen, welche sich bei allen Verpflanzungen (Versetzungen in andre Landstriche) in langen Zeugungen unter sich beständig erhalten, als auch in der Vermischung mit andern Abartungen desselbigen Stamms jederzeit halbschlächtige Junge zeugen, Rassen. Die, so bei allen Verpflanzungen das Unterscheidende ihrer Abartung zwar beständig erhalten und also nacharten, aber in der Vermischung mit andern nicht notwendig halbschlächtig zeugen, heißen Spielarten; die aber, so zwar oft, aber nicht beständig nacharten, Varietäten. Umgekehrt heißt die Abartung, welche mit andern zwar halbschlächtig erzeugt, aber durch die Verpflanzung nach und nach erlischt, ein besonderer Schlag.

Auf diese Weise sind Neger und Weiße zwar nicht verschiedene Arten von Menschen (denn sie gehören vermutlich zu einem Stamme), aber doch zwei verschiedene Rassen: weil jede derselben sich in allen Landstrichen perpetuiert, und beide mit einander notwendig halbschlächtige Kinder Blendlinge (Mulatten) erzeugen. Dagegen sind Blonde und Brünette nicht verschiedene Rassen der Weißen, weil ein blonder Mann von einer brünetten Frau auch lauter blonde Kinder haben kann, obgleich jede dieser Abartungen sich bei allen Verpflanzungen lange Zeugungen hindurch erhält. Daher sind sie Spielarten der Weißen. Endlich bringt die Beschaffenheit des Bodens (Feuchtigkeit oder Trockenheit), ingleichen der Nahrung nach und nach einen erblichen Unterschied oder Schlag unter Tiere einerlei Stammes und Rasse vornehmlich in Ansehung der Größe, der Proportion der Gliedmaßen (plump oder schlank), ingleichen des Naturells, der zwar in der Vermischung mit fremden halbschlächtig anartet, aber auf einem andern Boden und bei anderer Nahrung (selbst ohne Veränderung des Klimas) in wenig Zeugungen verschwindet. Es ist angenehm, den verschiedenen Schlag der Menschen nach Verschiedenheit dieser Ursachen zu bemerken, wo er in eben demselben Lande bloß nach den Provinzen kenntlich ist (wie sich die Böotier, die einen feuchten, von Athenern unterschieden, die einen trockenen Boden bewohnten), welche Verschiedenheit oft freilich nur einem aufmerksamen Auge kenntlich ist, von andern aber belacht wird. Was bloß zu den Varietäten gehört und also an sich selbst (obzwar eben nicht beständig) erblich ist, kann doch durch Ehen, die immer in denselben Familien verbleiben, dasjenige mit der Zeit hervorbringen, was ich den Familienschlag nenne, wo sich etwas Charakteristisches endlich so tief in die Zeugungskraft einwurzelt, daß es einer Spielart nahe kommt und sich wie diese perpetuiert. Man will dieses an dem alten Adel von Venedig, vornehmlich der Damen desselben bemerkt haben. Zum wenigsten sind in der neu entdeckten Insel Otaheite[3] die adligen Frauen insgesamt größeren Wuchses als die gemeinen. Auf der Möglichkeit, durch sorgfältige Aussonderung der ausartenden Geburten von den einschlagenden endlich einen dauerhaften Familienschlag zu errichten, beruhte die Meinung des Herrn von Maupertuis[4]: einen von Natur edlen Schlag Menschen in irgend einer Provinz zu ziehen, worin Verstand, Tüchtigkeit und Rechtschaffenheit erblich wären. Ein Anschlag, der meiner Meinung nach an sich selbst zwar tunlich, aber durch die weisere Natur ganz wohl verhindert ist, weil eben in der Vermengung des Bösen mit dem Guten die großen Triebfedern liegen, welche die schlafenden Kräfte der Menschheit in Spiel setzen und sie nötigen, alle ihre Talente zu entwickeln und sich der Vollkommenheit ihrer Bestimmung zu nähern. Wenn die Natur ungestört (ohne Verpflanzung oder fremde Vermischung) viele Zeugungen hindurch wirken kann, so bringt sie jederzeit endlich einen dauerhaften Schlag hervor, der Völkerschaften auf immer kenntlich macht und eine Rasse würde genannt werden, wenn das Charakteristische nicht zu unbedeutend schiene und zu schwer zu beschreiben wäre, um darauf eine besondere Abteilung zu gründen.

# Einteilung der Menschengattung in ihre verschiedene Rassen

Ich glaube, man habe nur nötig, vier Rassen derselben anzunehmen, um alle dem ersten Blick kenntliche und sich perpetuierende Unterschiede davon ableiten zu können. Sie sind erstens die Rasse der Weißen, zweitens die Negerrasse, drittens die hunnische (mungalische oder kalmuckische) Rasse, viertens die hinduische oder hindistanische Rasse. Zu der ersteren, die ihren vornehmsten Sitz in Europa hat, rechne ich noch die Mohren (Mauren von Afrika), die Araber (nach dem Niebuhr[5]), den türkisch-tatarischen Völkerstamm und die Perser, ingleichen alle übrige Völker von Asien, die nicht durch die übrigen Abteilungen namentlich davon ausgenommen sind. Die Negerrasse der nördlichen Halbkugel ist bloß in Afrika, die der südlichen (außerhalb Afrika) vermutlich nur in Neuguinea eingeboren (Autochthones), in einigen benachbarten Inseln aber bloße Verpflanzungen. Die kalmuckische Rasse scheint unter den Koschottischen am reinsten, unter den Torgöts etwas, unter den Dsingorischen mehr mit tatarischem Blute vermischt zu sein und ist eben dieselbe, welche in den ältesten Zeiten den Namen der Hunnen, später den Namen der Mungalen[6] (in weiter Bedeutung) und jetzt der Ölöts führt. Die hindistanische Rasse ist in dem Lande dieses Namens sehr rein und uralt, aber von dem Volke auf der jenseitigen Halbinsel Indiens unterschieden. Von diesen vier Rassen glaube ich alle übrige erbliche Völkercharaktere ableiten zu können: entweder als vermischte oder angehende Rassen, wovon die erste aus der Vermischung verschiedener entsprungen ist, die zweite in dem Klima noch nicht lange genug gewohnt hat, um den Charakter der Rasse desselben völlig anzunehmen. So hat die Vermischung des tatarischen mit dem hunnischen Blute an den Karakalpaken, den Nagajen und andern Halbrassen hervorgebracht. Das hindistanische Blut, vermischt mit dem der alten Skythen (in und um Tibet) und mehr oder weniger von dem hunnischen, hat vielleicht die Bewohner der jenseitigen Halbinsel Indiens, die Tonkinesen und Schinesen, als eine vermischte Rasse erzeugt. Die Bewohner der nördlichen Eisküste Asiens sind ein Beispiel einer angehenden hunnischen Rasse, wo sich schon das durchgängig schwarze Haar, das bartlose Kinn, das flache Gesicht und langgeschlitzte, wenig geöffnete Augen zeigen: die Wirkung der Eiszone an einem Volke, welches in späteren Zeiten aus milderem Himmelsstriche in diese Sitze getrieben worden, so wie die Seelappen, ein Abstamm des ungrischen Volks, in nicht gar viel Jahrhunderten schon ziemlich in das Eigentümliche des kalten Himmelstrichs eingeartet sind, ob sie zwar von einem wohlgewachsenen Volke aus der temperierten Zone entsprossen waren. Endlich scheinen die Amerikaner eine noch nicht völlig eingeartete hunnische Rasse zu sein. Denn im äußersten Nordwesten von Amerika (woselbst auch aller Vermutung nach die Bevölkerung dieses Weltteils aus dem Nordosten von Asien wegen der übereinstimmenden Tierarten in beiden geschehen sein muß), an den nördlichen Küsten von der Hudson Bay, sind die Bewohner den Kalmucken ganz ähnlich. Weiter hin in Süden wird das Gesicht zwar offener und erhobener, aber das bartlose Kinn, das durchgängig schwarze Haar, die rotbraune Gesichtsfarbe, ingleichen die Kälte und Unempfindlichkeit des Naturells, lauter Überbleibsel von der Wirkung eines langen Aufenthalts in kalten Weltstrichen, wie wir bald sehen werden, gehen von dem äußersten Norden dieses Weltteils bis zum Staaten-Eilande fort. Der längere Aufenthalt der Stammväter der Amerikaner in N.O. von Asien und dem benachbarten N.W. von Amerika hat die kalmuckische Bildung zur Vollkommenheit gebracht, die geschwindere Ausbreitung ihrer Abkömmlinge aber nach dem Süden dieses Weltteils die amerikanische. Von Amerika aus ist gar nichts weiter bevölkert. Denn auf den Inseln des stillen Meers sind alle Einwohner, einige Neger ausgenommen, bärtig; vielmehr geben sie einige Zeichen der Abkunft von den Malaien, eben so wie die auf den sundaischen Inseln; und die Art von Lehnsregierung, welche man auf der Insel Otaheite antraf, und welche auch die gewöhnliche Staatsverfassung der Malaien ist, bestätigt diese Vermutung.

Die Ursache, Neger und Weiße für Grundrassen anzunehmen, ist für sich selbst klar. Was die hindistanische und kalmuckische betrifft, so ist das Olivengelb, welches dem mehr oder wenigen Braunen der heißen Länder zum Grunde liegt, bei den ersteren eben so wenig, als das originale Gesicht der zweiten von irgend einem andern bekannten Nationcharakter abzuleiten, und beide drücken sich in vermischten Begattungen unausbleiblich ab. Eben dieses gilt von der in die kalmuckische Bildung einschlagenden und damit durch einerlei Ursache verknüpften amerikanischen Rasse. Der Ostindianer gibt durch Vermischung mit dem Weißen den gelben Mestizen, wie der Amerikaner mit demselben den roten und der Weiße mit dem Neger den Mulatten, der Amerikaner mit eben demselben den Kabugl[7] oder den schwarzen Karaiben: welches jederzeit kenntlich bezeichnete Blendlinge sind und ihre Abkunft von ächten Rassen beweisen.

# Von den unmittelbaren Ursachen des Ursprungs dieser verschiedenen Rassen

Die in der Natur eines organischen Körpers (Gewächses oder Tieres) liegenden Gründe einer bestimmten Auswickelung heißen, wenn diese Auswickelung besondere Teile betrifft, Keime; betrifft sie aber nur die Größe oder das Verhältnis der Teile untereinander, so nenne ich sie natürliche Anlagen. In den Vögeln von derselben Art, die doch in verschiedenen Klimaten leben sollen, liegen Keime zur Auswickelung einer neuen Schicht Federn, wenn sie im kalten Klima leben, die aber zurückgehalten werden, wenn sie sich in gemäßigten aufhalten sollen. Weil in einem kalten Lande das Weizenkorn mehr gegen feuchte Kälte geschützt werden muß, als in einem trocknen oder warmen, so liegt in ihm eine vorher bestimmte Fähigkeit oder natürliche Anlage, nach und nach eine dickere Haut hervorzubringen. Diese Fürsorge der Natur, ihr Geschöpf durch versteckte innere Vorkehrungen auf allerlei künftige Umstände auszurüsten, damit es sich erhalte und der Verschiedenheit des Klimas oder des Bodens angemessen sei, ist bewundernswürdig und bringt bei der Wanderung und Verpflanzung der Tiere und Gewächse dem Scheine nach neue Arten hervor, welche nichts anders als Abartungen und Rassen von derselben Gattung sind, deren Keime und natürliche Anlagen sich nur gelegentlich in langen Zeitläuften auf verschiedene Weise entwickelt haben.[8] Der Zufall, oder allgemeine mechanische Gesetze können solche Zusammenpassungen nicht hervorbringen. Daher müssen wir dergleichen gelegentliche Auswickelungen als vorgebildet ansehen. Allein selbst da, wo sich nichts Zweckmäßiges zeigt, ist das bloße Vermögen, seinen besonderen angenommenen Charakter fortzupflanzen, schon Beweises genug: daß dazu ein besonderer Keim oder natürliche Anlage in dem organischen Geschöpf anzutreffen gewesen. Denn äußere Dinge können wohl Gelegenheits-, aber nicht hervorbringende Ursachen von demjenigen sein, was notwendig anerbt und nachartet. So wenig als der Zufall oder physisch-mechanische Ursachen einen organischen Körper hervorbringen können, so wenig werden sie zu seiner Zeugungskraft etwas hinzusetzen, das ist etwas bewirken, was sich selbst fortpflanzt, wenn es eine besondere Gestalt oder Verhältnis der Teile ist.[9] Luft, Sonne und Nahrung können einen tierischen Körper in seinem Wachstume modifizieren, aber diese Veränderung nicht zugleich mit einer zeugenden Kraft versehen, die vermögend wäre, sich selbst auch ohne diese Ursache wieder hervorzubringen; sondern was sich fortpflanzen soll, muß in der Zeugungskraft schon vorher gelegen haben, als vorher bestimmt zu einer gelegentlichen Auswickelung den Umständen gemäß, darein das Geschöpf geraten kann, und in welchen es sich beständig erhalten soll. Denn in die Zeugungskraft muß nichts dem Tiere Fremdes hinein kommen können, was vermögend wäre, das Geschöpf nach und nach von seiner ursprünglichen und wesentlichen Bestimmung zu entfernen und wahre Ausartungen hervorzubringen, die sich perpetuierten.

Der Mensch war für alle Klimaten und für jede Beschaffenheit des Bodens bestimmt; folglich mußten in ihm mancherlei Keime und natürliche Anlagen bereit liegen, um gelegentlich entweder ausgewickelt oder zurückgehalten zu werden, damit er seinem Platze in der Welt angemessen würde und in dem Fortgange der Zeugungen demselben gleichsam angeboren und dafür gemacht zu sein schiene. Wir wollen nach diesen Begriffen die ganze Menschengattung auf der weiten Erde durchgehen und daselbst zweckmäßige Ursachen seiner Abartungen anführen, wo die natürlichen nicht wohl einzusehen sind, hingegen natürliche, wo wir die Zwecke nicht gewahr werden. Hier merke ich nur an: daß Luft und Sonne diejenigen Ursachen zu sein scheinen, welche auf die Zeugungskraft innigst einfließen und eine dauerhafte Entwickelung der Keime und Anlagen hervorbringen, das ist eine Rasse gründen können; da hingegen die besondere Nahrung zwar einen Schlag Menschen hervorbringen kann, dessen Unterscheidendes aber bei Verpflanzungen bald erlischt. Was auf die Zeugungskraft haften soll, muß nicht die Erhaltung des Lebens, sondern die Quelle desselben, das ist die ersten Prinzipien seiner tierischen Einrichtung und Bewegung, affizieren.

Der Mensch, in die Eiszone versetzt, mußte nach und nach in eine kleinere Statur ausarten, weil bei dieser, wenn die Kraft des Herzens dieselbe bleibt, der Blutumlauf in kürzerer Zeit geschieht, der Pulsschlag also schneller und die Blutwärme größer wird. In der Tat fand auch Cranz[10] die Grönländer nicht allein weit unter der Statur der Europäer, sondern auch von merklich größerer natürlichen Hitze ihres Körpers. Selbst das Mißverhältnis zwischen der ganzen Leibeshöhe und den kurzen Beinen an den nördlichsten Völkern ist ihrem Klima angemessen, da diese Teile des Körpers wegen ihrer Entlegenheit vom Herzen in der Kälte mehr Gefahr leiden. Gleichwohl scheinen doch die meisten der jetzt bekannten Einwohner der Eiszone nur spätere Ankömmlinge daselbst zu sein, wie die Lappen, welche mit den Finnen aus einerlei Stamme, nämlich dem ungrischen, entsprungen, nur seit der Auswanderung der letzteren (aus dem Osten von Asien) die jetzigen Sitze eingenommen haben und doch schon in dieses Klima auf einen ziemlichen Grad eingeartet sind.

Wenn aber ein nördliches Volk lange Zeitläufte hindurch genötigt ist, den Einfluß von der Kälte der Eiszone auszustehen, so müssen sich mit ihm noch größere Veränderungen zutragen. Alle Auswickelung, wodurch der Körper seine Säfte nur verschwendet, muß in diesem austrocknenden Himmelsstriche nach und nach gehemmt werden. Daher werden die Keime des Haarwuchses mit der Zeit unterdrückt, so daß nur diejenigen übrig bleiben, welche zur notwendigen Verdeckung des Hauptes erforderlich sind. Vermöge einer natürlichen Anlage werden auch die hervorragenden Teile des Gesichts, welches am wenigsten einer Bedeckung fähig ist, da sie durch die Kälte unaufhörlich leiden, vermittelst einer Fürsorge der Natur allmählich flacher werden, um sich besser zu erhalten. Die wulstige Erhöhung unter den Augen, die halbgeschlossenen und blinzenden Augen schienen zur Verwahrung derselben teils gegen die austrocknende Kälte der Luft, teils gegen das Schneelicht (wogegen die Eskimos auch Schneebrillen brauchen) wie veranstaltet zu sein, ob sie gleich auch als natürliche Wirkungen des Klima angesehen werden können, die selbst in mildern Himmelsstrichen, nur in weit geringerem Maße, zu bemerken sind. So entspringt nach und nach das bartlose Kinn, die gepletschte Nase, dünne Lippen, blinzende Augen, das flache Gesicht, die rötlich braune Farbe mit dem schwarzen Haare, mit einem Worte, die kalmuckische Gesichtsbildung, welche in einer langen Reihe von Zeugungen in demselben Klima sich bis zu einer dauerhaften Rasse einwurzelt, die sich erhält, wenn ein solches Volk gleich nachher in mildern Himmelsstrichen neue Sitze gewinnt.

Man wird ohne Zweifel fragen, mit welchem Rechte ich die kalmuckische Bildung, welche jetzt in einem mildern Himmelsstriche in ihrer größten Vollständigkeit angetroffen wird, tief aus Norden oder Nordosten herleiten könne. Meine Ursache ist diese. Herodot[11] berichtet schon aus seinen Zeiten: daß die Argippäer, Bewohner eines Landes am Fuße hoher

Gebirge, in einer Gegend, welche man für die des Uralgebirges halten kann, kahl und flachnasig wären und ihre Bäume mit weißen Decken (vermutlich versteht er Filzzelte) bedeckten. Diese Gestalt findet man jetzt in größerem oder kleinerem Maße im Nordosten von Asien, vornehmlich aber in dem nordwestlichen Teil von Amerika, den man von der Hudson Bay aus hat entdecken können, wo nach einigen neuen Nachrichten die Bewohner wie wahre Kalmucken aussehen. Bedenkt man nun, daß in der ältesten Zeit Tiere und Menschen in dieser Gegend zwischen Asien und Amerika müssen gewechselt haben, indem man einerlei Tiere in dem kalten Himmelsstriche beider Weltteile antrifft, daß diese menschliche Rasse sich allererst etwa 1000 Jahre vor unserer Zeitrechnung (nach dem Desguignes[12]) über den Amurstrom hinaus den Chinesen zeigte und nach und nach andere Völker von tatarischen, ungrischen und andern Stämmen aus ihren Sitzen vertrieb, so wird diese Abstammung aus dem kalten Weltstriche nicht ganz erzwungen scheinen.

Was aber das Vornehmste ist, nämlich die Ableitung der Amerikaner als einer nicht völlig eingearteten Rasse, eines Volks, das lange den nördlichsten Weltstrich bewohnt hat, wird gar sehr durch den erstickten Haareswuchs an allen Teilen des Körpers außer dem Haupte, durch die rötliche Eisenrostfarbe der kälteren und die dunklere Kupferfarbe heißerer Landstriche dieses Weltteils bestätigt. Denn das Rotbraune scheint (als eine Wirkung der Luftsäure) eben so dem kalten Klima, wie das Olivenbraun (als eine

Wirkung des Laugenhaft-Galligen der Säfte) dem heißen Himmelsstriche angemessen zu sein, ohne einmal das Naturell der Amerikaner in Anschlag zu bringen, welches eine halb erloschene Lebenskraft verrät,[13] die am natürlichsten für die Wirkung einer kalten Weltgegend angesehen werden kann.

Die größte feuchte Hitze des warmen Klima muß hingegen an einem Volke, das darin alt genug geworden, um seinem Boden völlig anzuarten, Wirkungen zeigen, die den vorigen gar sehr entgegengesetzt sind. Es wird gerade das Widerspiel der kalmuckischen Bildung erzeugt werden. Der Wuchs der schwammigen Teile des Körpers mußte in einem heißen und feuchten Klima zunehmen; daher eine dicke Stülpnase und Wurstlippen. Die Haut mußte geölt sein, nicht bloß um die zu starke Ausdünstung zu mäßigen, sondern die schädliche Einsaugung der fauligen Feuchtigkeiten der Luft zu verhüten. Der Überfluß der Eisenteilchen, die sonst in jedem Menschenblute angetroffen werden und hier durch die Ausdünstung des phosphorischen Sauren (wonach alle Neger stinken) in der netzförmigen Substanz gefällt worden, verursacht die durch das Oberhäutchen durchscheinende Schwärze, und der starke Eisengehalt im Blute scheint auch nötig zu sein, um der Erschlaffung aller Teile vorzubeugen. Das Öl der Haut, welches den zum Haareswuchs erforderlichen Nahrungsschleim schwächt, verstattete kaum die Erzeugung einer den Kopf bedeckenden Wolle. Übrigens ist feuchte Wärme dem starken Wuchs der Tiere überhaupt beförderlich, und kurz, es entspringt der Neger, der seinem Klima wohl angemessen, nämlich stark, fleischig, gelenk, aber unter der reichlichen Versorgung seines Mutterlandes faul, weichlich und tändelnd ist.

Der Eingeborne von Hindistan kann als aus einer der ältesten menschlichen Rassen entsprossen angesehen werden. Sein Land, welches nordwärts an ein hohes Gebirge gestützt und von Norden nach Süden bis zur Spitze seiner Halbinsel von einer langen Bergreihe durchgezogen ist (wozu ich nordwärts noch Tibet, vielleicht den allgemeinen Zufluchtsort des menschlichen Geschlechts während und dessen Pflanzenschule nach der letzten großen Revolution unsrer Erde, mitrechne), hat in einem glücklichen Himmelsstriche die vollkommenste Scheitelung der Wasser (Ablauf nach zwei Meeren), die sonst kein im glücklichen Himmelsstriche liegender Teil des festen Landes von Asien hat. Es konnte also in den ältesten Zeiten trocken und bewohnbar sein, da sowohl die östliche Halbinsel Indiens, als China (weil in ihnen die Flüsse, an statt sich zu scheiteln, parallel laufen) in jenen Zeiten der Überschwemmungen noch unbewohnt sein mußten. Hier konnte sich also in langen Zeitläuften eine feste menschliche Rasse gründen. Das Olivengelb der Haut des Indianers, die wahre Zigeunerfarbe, welche dem mehr oder weniger dunkeln Braun anderer östlicheren Völker zum Grunde liegt, ist auch eben so charakteristisch und in der Nachartung beständig, als die schwarze Farbe der Neger und scheint zusamt der übrigen Bildung und dem verschiedenen Naturelle eben so die Wirkung einer trockenen, wie die letztere der feuchten

Hitze zu sein. Nach Herrn Ives sind die gemeinen Krankheiten der Indianer verstopfte Gallen und geschwollene Lebern; ihre angeborene Farbe aber ist gleichsam gelbsüchtig und scheint eine kontinuierliche Absonderung der ins Blut getretenen Galle zu beweisen, welche als seifenartig die verdickten Säfte vielleicht auflöset und verflüchtigt und dadurch wenigstens in den äußern Teilen das Blut abkühlt. Eine hierauf oder auf etwas Ähnliches hinauslaufende Selbsthilfe der Natur, durch eine gewisse Organisation (deren Wirkung sich an der Haut zeigt) dasjenige kontinuierlich wegzuschaffen, was den Blutumlauf reizt, mag wohl die Ursache der kalten Hände der Indianer sein[14] und vielleicht (wiewohl man dieses noch nicht beobachtet hat) einer überhaupt verringerten Blutwärme, die sie fähig macht, die Hitze des Klima ohne Nachteil zu ertragen.

Da hat man nun Mutmaßungen, die wenigstens Grund genug haben, um andern Mutmaßungen die Wage zu halten, welche die Verschiedenheiten der Menschengattung so unvereinbar finden, daß sie deshalb lieber viele Lokalschöpfungen annehmen. Mit Voltairen sagen: Gott, der das Rentier in Lappland schuf, um das Moos dieser kalten Gegenden zu verzehren, der schuf auch daselbst den Lappländer, um dieses Rentier zu essen, ist kein übler Einfall für einen Dichter, aber ein schlechter Behelf für den Philosophen, der die Kette der Naturursachen nicht verlassen darf, als da, wo er sie augenscheinlich an das unmittelbare Verhängnis geknüpft sieht.

Man schreibt jetzt mit gutem Grunde die verschiedenen Farben der Gewächse dem durch unterschiedliche Säfte gefällten Eisen zu. Da alles Tierblut Eisen enthält, so hindert uns nichts, die verschiedene Farbe dieser Menschenrassen eben derselben Ursache beizumessen. Auf diese Art würde etwa das Salzsaure, oder das phosphorisch Saure, oder das flüchtig Laugenhafte der ausführenden Gefäße der Haut die Eisenteilchen im Retikulum rot, oder schwarz, oder gelb niederschlagen. In dem Geschlechte der Weißen würde aber dieses in den Säften aufgelösete Eisen gar nicht niedergeschlagen und dadurch zugleich die vollkommene Mischung der Säfte und Stärke dieses Menschenschlags vor den übrigen bewiesen. Doch dieses ist nur eine flüchtige Anreizung zur Untersuchung in einem Felde, worin ich zu fremd bin, um mit einigem Zutrauen auch nur Mutmaßungen zu wagen.

Wir haben vier menschliche Rassen gezählt, worunter alle Mannigfaltigkeiten dieser Gattung sollen begriffen sein. Alle Abartungen aber bedürfen doch einer Stammgattung, die wir entweder für schon erloschen ausgeben oder aus den vorhandenen diejenige aussuchen müssen, womit wir die Stammgattung am meisten vergleichen können. Freilich kann man nicht hoffen, jetzt irgendwo in der Welt die ursprüngliche menschliche Gestalt unverändert anzutreffen. Eben aus diesem Hange der Natur, dem Boden allerwärts in langen Zeugungen anzuarten, muß jetzt die Menschengestalt allenthalben mit Lokalmodifikation behaftet sein. Allein der Erdstrich vom 31sten bis zum 52sten Grade der Breite in der alten Welt (welche auch in Ansehung der Bevölkerung den Namen der alten Welt zu verdienen scheint) wird mit Recht für denjenigen gehalten, in welchem die glücklichste Mischung der Einflüsse der kälteren und heißeren Gegenden und auch der größte Reichtum an Erdgeschöpfen angetroffen wird; wo auch der Mensch, weil er von da aus zu allen Verpflanzungen gleich gut zubereitet ist, am wenigsten von seiner Urbildung abgewichen sein müßte. Hier finden wir aber zwar weiße, doch brünette Einwohner, welche Gestalt wir also für die der Stammgattung nächste annehmen wollen. Von dieser scheint die hochblonde von zarter weißer Haut, rötlichem Haar, bleichblauen Augen die nächste nördliche Abartung zu sein, welche zur Zeit der Römer die nördlichen Gegenden von Deutschland und (andern Beweistümern[15] nach) weiter hin nach Osten bis zum altaischen Gebirge, allerwärts aber unermeßliche Wälder in einem ziemlich kalten Erdstriche bewohnte. Nun hat der Einfluß einer kalten und feuchten Luft, welche den Säften einen Hang zum Skorbut zuzieht, endlich einen gewissen Schlag Menschen hervorgebracht, der bis zur Beständigkeit einer Rasse würde gediehen sein, wenn in diesem Erdstriche nicht so häufig fremde Vermischungen den Fortgang der Abartung unterbrochen hätten. Wir können diese also zum wenigsten als eine Annäherung den wirklichen Rassen beizählen, und alsdann werden diese in Verbindung mit den Natururursachen ihrer Entstehung sich unter folgenden Abriß bringen lassen.

## Stammgattung

Weiße von brünetter Farbe.

*Erste Rasse,*
Hochblonde
(Nördliches Europa) von feuchter Kälte.

*Zweite Rasse,*
Kupferrote
(Amerika) von trockner Kälte.

*Dritte Rasse,*
Schwarze
(Senegambia) von feuchter Hitze.

*Vierte Rasse,*
Olivengelbe
(Indianer) von trockner Hitze.

# Von den Gelegenheitsursachen der Gründung verschiedener Rassen

Was bei der Mannigfaltigkeit der Rassen auf der Erdfläche die größte Schwierigkeit macht, welchen Erklärungsgrund man auch annehmen mag, ist: daß ähnliche Land- und Himmelsstriche doch nicht dieselbe Rasse enthalten, daß Amerika in seinem heißesten Klima keine ostindische, noch viel weniger eine dem Lande angeborene Negergestalt zeigt, daß es in Arabien oder Persien kein einheimisches indisches Olivengelb gibt, ungeachtet diese Länder in Klima und Luftbeschaffenheit mit jenem Lande sehr übereinkommen, etc. Was die erstere dieser Schwierigkeiten betrifft, so läßt sie sich aus der Art der Bevölkerung dieses Himmelsstrichs faßlich genug beantworten. Denn wenn einmal durch den langen Aufenthalt seines Stammvolks im N. O. von Asien oder des benachbarten Amerika sich eine Rasse wie die jetzige gegründet hatte, so konnte diese durch keine fernere Einflüsse des Klima in eine andere Rasse verwandelt werden. Denn nur die Stammbildung kann in eine Rasse ausarten; diese aber, wo sie einmal Wurzel gefaßt und die andern Keime erstickt hat, widersteht aller Umformung eben darum, weil der Charakter der Rasse einmal in der Zeugungskraft überwiegend geworden.

Was aber die Lokalität der Negerrasse betrifft, die nur Afrika[16] (in der größten Vollkommenheit Senegambia) eigen ist, ingleichen die der indischen, welche in dieses Land eingeschlossen ist (außer wo sie ostwärts halbschlächtig angeartet zu sein scheint): so glaube ich, daß die Ursache davon in einem inländischen Meere der alten Zeit gelegen habe, welches sowohl Hindistan, als Afrika von andern sonst nahen Ländern abgesondert gehalten. Denn der Erdstrich, der von der Grenze Dauriens über die Mungalei, kleine Bucharei, Persien, Arabien, Nubien, die Sahara bis Capo Blanco in einem nur wenig unterbrochenen Zusammenhange fortgeht, sieht seinem größten Teile nach dem Boden eines alten Meeres ähnlich. Die Länder in diesem Striche sind das, was Buache[17] Platteform nennt, nämlich hohe und mehrenteils wagerecht gestellte Ebenen, in denen die daselbst befindlichen Gebirge nirgend einen weitgestreckten Abhang haben, indem ihr Fuß unter horizontal liegendem Sande vergraben ist: daher die Flüsse, deren es daselbst wenig gibt, nur einen kurzen Lauf haben und im Sande versiegen. Sie sind den Bassins alter Meere ähnlich, weil sie mit Höhen umgeben sind, in ihrem Inwendigen, im Ganzen betrachtet, Wasserpaß halten und daher einen Strom weder einnehmen, noch auslassen, überdem[18] auch mit dem Sande, dem Niederschlag eines alten, ruhigen Meers, größtenteils bedeckt sind. Hieraus wird es nun begreiflich, wie der indische Charakter in Persien und Arabien nicht habe Wurzel fassen können, die damals noch zum Bassin eines Meeres dienten, als Hindistan vermutlich lange bevölkert war; ingleichen, wie sich die Negerrasse sowohl, als die indische unvermengt von nordischem Blute lange Zeit erhalten konnte, weil sie davon durch eben dieses Meer abgeschnitten war. Die Naturbeschreibung (Zustand der Natur in der jetzigen Zeit) ist lange nicht hinreichend, von der Mannigfaltigkeit der Abartungen Grund anzugeben. Man muß, so sehr man auch und zwar mit Recht der Frechheit der Meinungen feind ist, eine Geschichte der Natur wagen, welche eine abgesonderte Wissenschaft ist, die wohl nach und nach von Meinungen zu Einsichten fortrücken könnte.

Die physische Geographie, die ich hierdurch ankündige, gehört zu einer Idee, welche ich mir von einem nützlichen akademischen Unterricht mache, den ich die Vorübung in der Kenntnis der Welt nennen kann. Diese Weltkenntnis ist es, welche dazu dient, allen sonst erworbenen Wissenschaften und Geschicklichkeiten das Pragmatische zu verschaffen, dadurch sie nicht bloß für die Schule, sondern für das Leben brauchbar werden, und wodurch der fertig gewordene Lehrling auf den Schauplatz seiner Bestimmung, nämlich in die Welt, eingeführt wird. Hier liegt ein zwiefaches Feld vor ihm, wovon er einen vorläufigen Abriß nötig hat, um alle künftige Erfahrungen darin nach Regeln ordnen zu können: nämlich die Natur und der Mensch. Seine Stücke aber müssen darin kosmologisch erwogen werden, nämlich nicht nach demjenigen, was ihre Gegenstände im einzelnen Merkwürdiges enthalten (Physik und empirische Seelenlehre), sondern was ihr Verhältnis im Ganzen, worin sie stehen und darin ein jeder selbst seine Stelle einnimmt, uns anzumerken gibt. Die erstere Unterweisung nenne ich physische Geographie und habe sie zur Sommervorlesung bestimmt, die zweite Anthropologie, die ich für den Winter aufbehalte. Die übrigen Vorlesungen dieses halben Jahres sind schon gehöriges Orts öffentlich angezeigt worden.

# APPENDIX

Fußnoten im kursiven Satz
stammen vom Herrausgeber.

---

1 *Louis Sala-Molins.*

2 *Georges-Louis Leclerc de Buffon (1707 – 1788) war ein Botaniker.*

3 *Dies ein älterer Name für Tahiti.*

4 *Pierre-Louis Moreau de Maupertuis (1698 – 1759) war ein Naturforscher.*

5 *Carsten Niebuhr (1733 - 1815) war ein Kartograph und Forschungsreisender. Der deutsche Mathematiker unternahm in den Jahren 1761 - 1767 eine Expedition in den Orient, welche vom Könige der Dänen, seinem Dienstherrn, ermöglicht worden war. Er brachte die ersten „wissenschaftlich gesicherten" Erkenntnisse über den Nahen Osten nach Europa.*

6 *Das sind wohl die Mongolen.*

7 *Das soll ein schwarzhäutiger Karibe als Mischung aus einem einheimischen Amerikaner und einem Afrikaner sein.*

8 Wir nehmen die Benennungen Naturbeschreibung und Naturgeschichte gemeiniglich in einerlei Sinne. Allein es ist klar, daß die Kenntnis der Naturdinge, wie sie jetzt sind, immer noch die Erkenntnis von demjenigen wünschen lasse, was sie ehedem gewesen sind, und durch welche Reihe von Veränderungen sie durchgegangen, um an jedem Orte in ihren gegenwärtigen Zustand zu gelangen. Die Naturgeschichte, woran es uns fast noch gänzlich fehlt, würde uns die Veränderung der Erdgestalt, ingleichen die der Erdgeschöpfe (Pflanzen und Tiere), die sie durch natürliche Wandrungen erlitten haben, und ihre

daraus entsprungene Abartungen von dem Urbilde der Stammgattung lehren. Sie würde vermutlich eine große Menge scheinbar verschiedene Arten zu Rassen eben derselben Gattung zurückführen und das jetzt so weitläufige Schulsystem der Naturbeschreibung in ein physisches System für den Verstand verwandeln.

9 Krankheiten sind bisweilen erblich. Aber diese bedürfen keiner Organisation, sondern nur eines Ferments schädlicher Säfte, die sich durch Ansteckung fortpflanzen. Sie arten auch nicht notwendig an.

10 *David Cranz (1723 – 1777) war ein Missionar aus dem Kreise der Herrnhuter. In seinem Werk Historie von Grönland, welches er zehn Jahre vor Kants Rassenschrift veröffentlichte, beschreibt er Land und Leute jenes Eislandes.*

11 *Herodotos von Halikarnassos (ca. 490 - ca. 425 v. Chr.), welcher den Ehrennamen „Vater der Geschichtsschreibung" trägt, ist einer der großen Schriftsteller des Altertums. Er unternahm weite Reisen nach Asien und Afrika, ging 444 v. Chr. nach Thurii in Italien und starb, nachdem er den Späteren ein unschätzbares Erbe geschaffen hatte: Seine „Historien" (9 Bücher) umfassen die Geschichte des Orients und Griechenlands, insbesondere die Perserkriege, bis 479.*

12 *Joseph de Guignes (1721 – 1800) war Sinologe und Orientalist.*

13 Um nur ein Beispiel anzuführen, so bedient man sich in Surinam der roten Sklaven (Amerikaner) nur allein zu häuslichen Arbeiten, weil sie zur Feldarbeit zu schwach sind, als wozu man Neger braucht. Gleichwohl fehlt es hier nicht an Zwangsmitteln; aber es gebricht den Eingebornen dieses Weltteils überhaupt an Vermögen und Dauerhaftigkeit.

14 Ich hatte zwar sonst gelesen: daß diese Indianer die Beson-

derheit kalter Hände bei großer Hitze haben, und daß dieses eine Frucht ihrer Nüchternheit und Mäßigkeit sein solle. Allein als ich das Vergnügen hatte, den aufmerksamen und einsehenden Reisenden, Herrn Eaton, der einige Jahre als holländischer Konsul und Chef ihrer Etablissements zu Bassora etc. gestanden, bei seiner Durchreise durch Königsberg zu sprechen, so benachrichtigte er mich: daß, als er in Surat mit der Gemahlin eines europäischen Konsuls getanzt habe, er verwundert gewesen wäre, schwitzige und kalte Hände an ihr zu fühlen (die Gewohnheit der Handschuhe ist dort noch nicht angenommen), und da er andern seine Befremdung geäußert, zur Antwort bekommen habe: sie habe eine Indianerin zur Mutter gehabt, und diese Eigenschaft sei an ihnen erblich. Ebenderselbe bezeugte auch, daß, wenn man die Kinder der Parsis mit denen der Indianer dort zusammen sähe, die Verschiedenheit der Rassen in der weißen Farbe der ersten und der gelbbraunen der zweiten sogleich in die Augen falle; ingleichen, daß die Indianer in ihrem Baue noch das Unterscheidende an sich hätten, daß ihre Schenkel über das bei uns gewöhnliche Verhältnis länger wären.

15 *Ein Beweistum ist ein Beweisgrund.*

16 In dem heißen südlichen Weltstriche gibt es auch einen kleinen Stamm von Negers, die sich bis zu den benachbarten Inseln ausgebreitet, von denen man wegen der Vermengung mit Menschen von indischem Halbschlag beinahe glauben sollte, daß sie nicht diesen Gegenden angeboren, sondern vor Alters bei einer Gemeinschaft, darin die Malaien mit Afrika gestanden, nach und nach herübergeführt worden.

17 *Philippe Buache (1700 – 1773) war ein Geograph.*

18 *Älterem „überdem“ entspricht jüngeres „überdies“.*

19 *Vgl. Kants rassistische Schrift „Physische Erdbeschreibung“.*

## Im Ad Fontes Klassikerverlag ist weiterhin erschienen

### Seneca

Epistulae morales
*Briefe an Lucilius*

| | | |
|---|---|---|
| Buch I | 76 Seiten | ISBN 978-3-945924-09-9 |
| Buch II | 84 Seiten | ISBN 978-3-945924-10-5 |
| Buch III | 76 Seiten | ISBN 978-3-945924-11-2 |
| Buch IV | 76 Seiten | ISBN 978-3-945924-12-9 |
| Buch V | 80 Seiten | ISBN 978-3-945924-13-6 |
| Buch VI | 76 Seiten | ISBN 978-3-945924-14-3 |

einsprachig

---

### Seneca

Epistulae morales
*Briefe an Lucilius*

| | | |
|---|---|---|
| Buch I | 112 Seiten | ISBN 978-3-945924-01-3 |
| Buch II | 116 Seiten | ISBN 978-3-945924-02-0 |
| Buch III | 104 Seiten | ISBN 978-3-945924-03-7 |
| Buch IV | 112 Seiten | ISBN 978-3-945924-04-4 |
| Buch V | 120 Seiten | ISBN 978-3-945924-05-1 |
| Buch VI | 116 Seiten | ISBN 978-3-945924-06-8 |

zweisprachig

## Lucius Annaeus Senecio

Geschichte der griechischen
Philosophie in Anekdoten

*Vorsokratiker*

116 Seiten ISBN 978-3-945924-08-2

---

## Gustav Schwab

Die schönsten Sagen des
klassischen Altertums

*Bildband*

88 Seiten ISBN 978-3-945924-07-5